CRISTINA CONTILLI

L'EVOLUZIONE DEL LAVORO FEMMINILE NELLA FRANCIA DELLA BELLE EPOQUE

UNA STORIA PER IMMAGINI

L'ÉVOLUTION DU TRAVAIL FÉMININ EN FRANCE À LA BELLE EPOQUE

UNE HISTOIRE EN IMAGES

Pour l'e-book:

YOUSCRIBE.COM – PARIS:

http://www.youscribe.com/catalogue/livres/actualite-et-debat-de-societe/essais/l-evolution-du-travail-feminin-en-france-a-la-belle-epoque-2335579

Pour le livre:

Lulu.com
3101 Hillsborough Street
Raleigh, NC 27607
USA

Printed in 2014.

Prima ristampa (con l'aggiunta di nuove immagini): gennaio 2014.

Seconda ristampa: febbraio 2014.

4

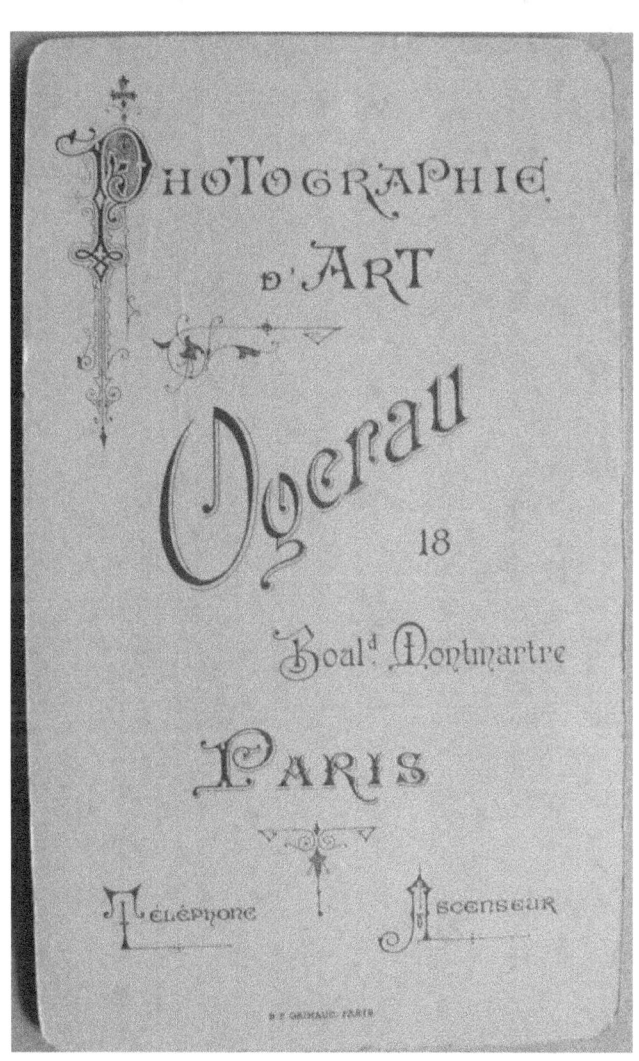

PHOTOGRAPHIE

D'ART

Ogerau

18

Boal.d Montmartre

PARIS

TÉLÉPHONE   ASCENSEUR

G. F. GRIMAUD. PARIS

Augusta Klumpke, moglie del dottor Jules Dejerine,

prima donna interna in medicina negli ospedali parigini

nell'anno accademico 1886/1887, in una foto del

fotografo Ogerau di Parigi e in un ritratto pubblicato nel

1890

su una rivista medica.

MADAME DÉJERINE

DOCTEUR EN MÉDECINE

Dorothea Klumpke (1861-1942), astronoma, prima donna ad essere assunta nel 1887 presso l'Osservatorio di Parigi, nel 1896 durante una spedizione scientifica in Norvegia finalizzata a osservare un'eclissi solare

conobbe l'astronomo inglese Isaac Roberts che nel 1901

diventerà suo marito e di cui lei proseguirà le ricerche.

heads now yellow, now reddish, now white, in size often superior to Jupiter's disk?

Over all these beautiful pictures that presented themselves to my mind, Leverrier's assertion of 1867 threw a chill. "The Leonids of November," said he then, "will appear during many consecutive years, but with decreasing intensity; they will decrease in light, not only because of the spreading of their mass along a greater arc of their orbit, but also because at each new apparition our earth will cause them to deviate from their orbit." Would this be so? I often asked myself while watching the stars in the early hours of the morning. It seemed probable.

The astronomers Abelman, Downing, Berberich, and others had of late pointed to the perturbations produced by Jupiter, Uranus, and Saturn on the meteoric swarm of the Leonids, which in 1890 and 1891 had passed in the vicinity of these planets.

In anxious expectation I continued preparing for my aërial trip.

A pocket-chronometer was carefully compared with a standard clock day after day; the registering apparatus, aneroid, thermometer, hygrometer, etc., were thoroughly examined; and dry piles were purchased, contrivances designed to fasten to our chests the electric lamps of four volts, which were provided with little reflectors, so arranged as to shield our eyes and to enable us to inscribe our observations.

During the day I was plying the needle, sewing a warm aëronautic costume, in which work kind friends assisted me. I was addressing and sealing little souvenirs, in case of no return, and listening with a feeling of strange emotion to the "God speed you!" I was upon the borders of the unknown, and this thought made the past and the present as one. I gaged life's all too rapid flight, aware of the value of each fleeting moment.

HALF-TONE PLATE ENGRAVED BY J. DAVIS, AFTER A PHOTOGRAPH.

MISS DOROTHEA KLUMPKE.

L'Univers illustré

JOURNAL HEBDOMADAIRE

NOTRE NOUVELLE PRIME GRATUITE

EN CAMPAGNE

Tableaux et dessins d'ALPHONSE DE NEUVILLE

Caroline Schultze dottoressa di origine polacca che sostenne nel 1888 una tesi di dottorato intitolata "La Femme-médecin au XIXe siècle" in un'illustrazione di una rivista dell'epoca che la mostra intenta a difendere il proprio lavoro di fronte ad una commissione, presieduta dal prof. Charcot, incuriosita, ma anche perplessa. Caroline Schultze si specializzò in seguito in pediatria e fu nel 1903 la prima donna assieme a Madeleine Pelletier a passare il concorso per l'assistenza medica a domicilio, indetto ogni tre anni dal comune di Parigi.

Caroline Schultze in una foto del 1895.

(Photo Crillon, Paris)

Jeanne Chauvin, prima donna avvocato (1897)

in una foto del fotografo Martinotto di Grenoble e in un articolo di una rivista dell'epoca.

*L'Age mur di Camille Claudel nella cartolina originale
del Salon del 1899 dove Camille viene indicata come
"Mlle Claudel". All'epoca anche le donne medico prima
del matrimonio venivano indicate come Mlle e dopo*

come Mme con il proprio cognome preceduto da quello del marito.

Camille sulla porta del proprio atelier in una foto che dovrebbe essere stata scattata intorno al 1897-1898.

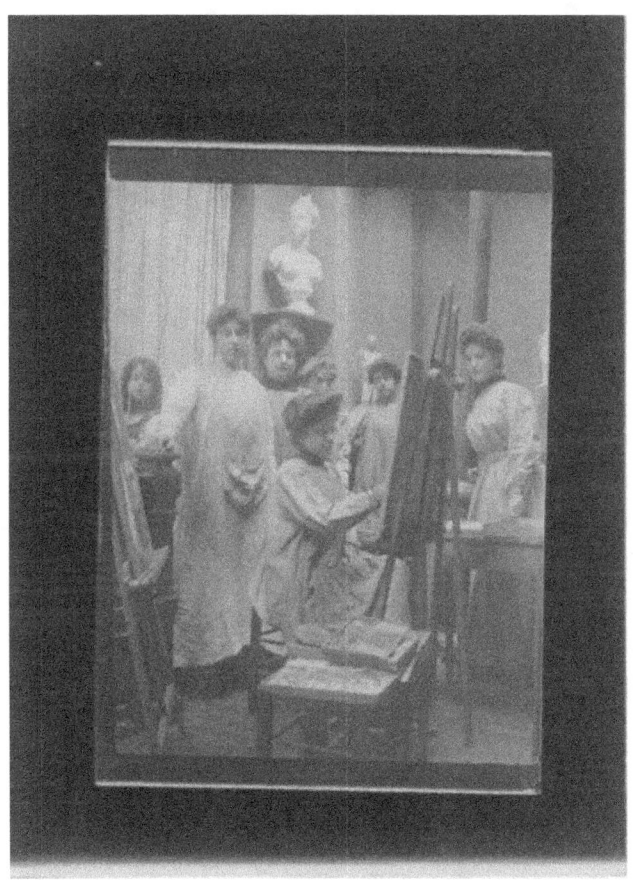

All'epoca le donne pittrici erano abbastanza diffuse come dimostra anche questa foto che potrebbe essere stata scattata o nell'atelier della pittrice Uranie Colin-Libour o nell'Accademia Julien, un'accademia privata che come l'Accademia Colarossi ha avuto un ruolo importante nella formazione delle donne artiste prima dell'apertura alle donne a fine '800 delle Accademie di Belle Arti statali.

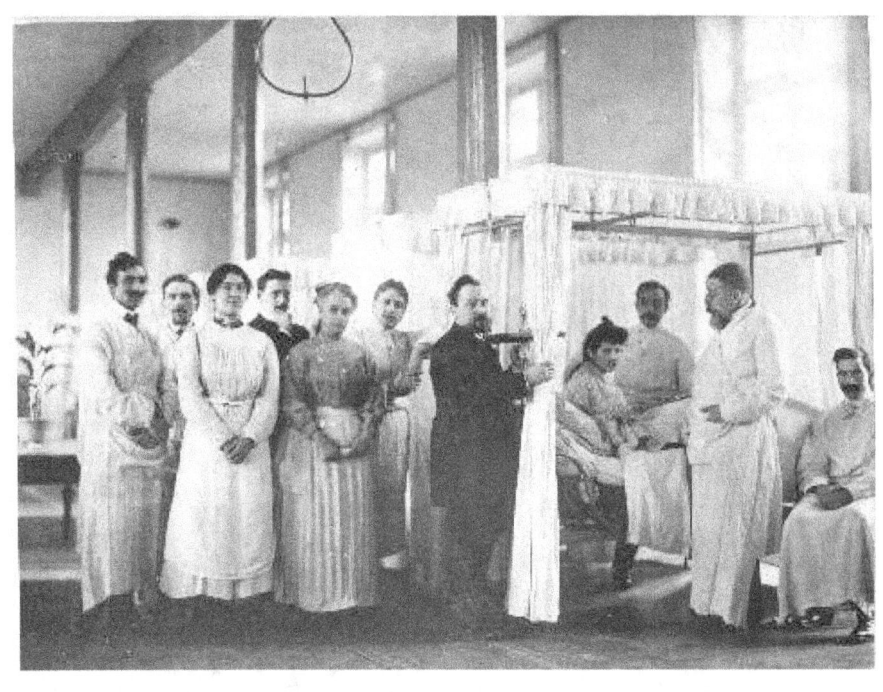

Madeleine Pelletier esterna degli ospedali parigini nel 1899/1902 e nel 1906/1909, prima donna interna in psichiatria nel 1903 assieme alla dottoressa di origine rumena Constance Pascal, in una foto con i colleghi della Salpétriere (con la gonna sotto al camice) e in giacca e pantaloni in una foto scattata all'epoca della sua militanza nel partito socialista francese.

Madeleine in una foto del 1906.

Madeleine in una foto scattata a Berlino nel 1907.
Madeleine era stata a Berlino in quell'anno per un
congresso dell'Internazionale socialista come delegata
del partito socialista francese ed era riuscita a far votare
una mozione per la concessione del diritto di voto alle
donne.

24

Marie Joséphine Landry (1877-1968),

moglie del dottor Edouard Long,

prima donna chef de clinique

nel 1911 presso la clinica universitaria della Salpétriere,

in una foto del 1899 scattata dal fotografo Cardinali di

Ajaccio (città d'origine della Landry)

e con i colleghi dell'internato

presso l'ospedale parigino della Salpétriere

in una foto dell'anno accademico 1906/1907.

RENAUD   OPPERT
Mlle LANDRY MARCORELLES   SEZARY   SCHŒFFER   CAMUS
                        CHARTIER DESCOMPS (PAUL)
                       CALDAGUÈS

Lasthénie Landry (1879-1962),
dottoressa, interna degli ospedali parigini
e fondatrice assieme alla sorella Marie Joséphine
dell'associazione delle donne medico francesi
con il marito Leon Thuillier (1873-1901).

A fine '800 le donne medico erano ancora un'eccezione su

cui non mancavano le ironie come dimostra questo

manifesto dell'epoca. Per questo le dottoresse contavano soprattutto su pazienti donne che preferivano essere visitate da un'altra donna invece che da un uomo e si specializzavano soprattutto in settori come la ginecologia e la pediatria.[1]

1914... PARIS — Un hopital de la Croix Rouge dirigé par des Doctoresses - Blessés Anglais et Français
Photo-Press, Agency

1914... PARIS — A Red Cross Hospital directed by women doctors - Wounded French and English

In pochi anni però la situazione sociale mutò progressivamente tanto che all'epoca della prima guerra

---

[1] http://www.helmo.be/esas/mapage/euxaussi/femme/femecole.html

mondiale ci furono alcuni ospedali militari diretti da donne medico, come si vede in questa cartolina dell'epoca, in particolare la prima donna ad aver diretto un ospedale di questo tipo dovrebbe essere stata Anne Mouroux, interna degli ospedali parigini nel 1902-1905 e poi per i successivi trent'anni "medico di famiglia".

LAVENANT   DEHÉRAIN

Mlle MOUROUX   TILLAYE   PÉCHARMANT   F. LÉVY

Anne Mouroux in una foto dello studio Verger che
dovrebbe risalire al 1895 circa, considerando abito e
pettinatura, ma anche il viso quasi da adolescente.

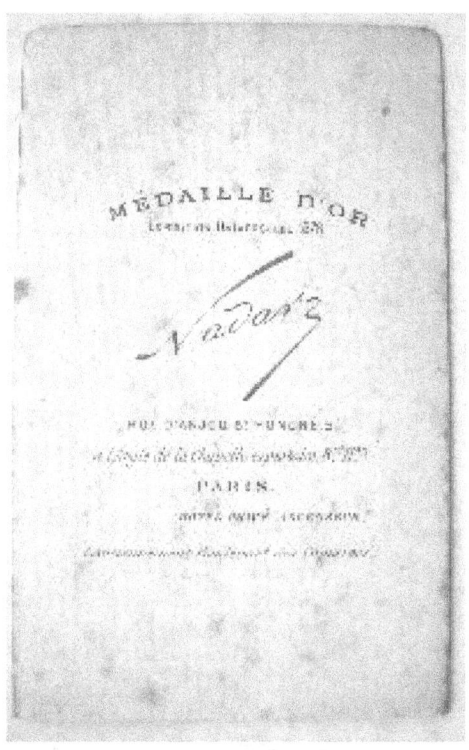

Caroline Rémy (Severine) giornalista di idee femministe ed anarchiche collaboratrice della rivista "La Fronde" fondata nel 1897 da Marguerite Durand in una foto dello studio Nadar di Parigi e in un ritratto pubblicato su una rivista, entrambi risalenti al 1888.

Caroline Rémy (Severine)

A WOMAN'S PAPER IN PARIS.

La redazione della rivista "La Fronde" nel 1898.

Jeanne Laloé, giornalista e prima candidata donna alle elezioni amministrative del 1908 in un comizio elettorale e in una foto con l'avvocatessa Marie Verone che la assistette legalmente per dimostrare il suo diritto a candidarsi, nonostante come donna non godesse del diritto di voto.

Jeanne Laloé (foto di stampa originale del 1908,

agenzia Croce).

Mlle Jeanne Laloë, candidate aux élections municipales du quartier Saint-Georges.

La candidate féministe, avec son avocat-conseil :
Mme Maria Vérone.

L'evoluzione professionale non coinvolse in questo periodo solo professioni come il medico o l'avvocato, ma anche altri tipi di mestieri considerati "maschili" e questo cambio è testimoniato da una serie di interessanti cartoline dell'epoca.

E così, tra realtà ed immaginazione, troviamo donne cocchiere o guidatrici di taxi (a Parigi ce n'erano diverse in servizio anche se la legge che permetteva alle donne di lavorare di notte causò accese discussioni politiche), donne postino in divisa con la bicicletta usata per il servizio, donne medico (con relative ironie su pazienti di sesso maschile che finivano per innamorarsene) e persino donna sindaco o ufficiale dell'esercito (anche se in questo *caso per passare dall'immaginazione alla realtà saranno necessarie altri 50 anni).*

E' interessante che le cartoline di questo tipo siano
inserite all'interno di una serie intitolata "Paris
Noveau"
proprio per indicare che si tratta di scatti relativi ad una
nuova Parigi dove si stanno verificando delle
mutazioni sociali che meritano di essere riprodotte
anche su cartolina.

Doctoresse. — 6. - L'Etudiante.

Cela doit être si bon de se faire aimer de tous,
petits et grands — de voir les figures s'éclairer
quand on arrive — de devenir l'ami de chaque
maison, celui auquel la bonne sourit, que les
enfants embrassent et qui console autant qu'il guérit.

5. — *Doctoresse.*

Je ne vous cacherai pas que votre cœur bat d'une façon anormale.
C'est grave, très grave !

— Imp. phot. Royer et Cⁱᵉ, Nancy.

Un'altra versione della stessa cartolina di cui all'epoca devono essere stati stampati numerosi esemplari perché

ancora oggiè possibile reperirla sul mercato antiquario ad un prezzo accessibile e con commenti più o meno interessanti sul retro.

Fot. Brocherel.

La signorina Mikropolski

ha fatto una grande sensazione alla Corte d'Appello di
Parigi ove, per la prima volta nella scorsa settimana,
apparve in toga al banco dei difensori. La bellezza straordinaria della giovane avvocatessa polacca ha affasci-
nato i giudici, gli avvocati e il pubblico, non meno
della sua eloquenza, che si dice singolare.

8. - Sous-Off.

CREDITS:

LA MAGGIOR PARTE DELLE IMMAGINI PUBBLICATE IN QUESTO LIBRO SONO TRATTE DALLA MIA COLLEZIONE PERSONALE DI FOTO E CARTOLINE D'EPOCA, TRANNE ALCUNE CHE SONO TRATTE DAI SEGUENTI SITI INTERNET:

http://pollymccrillis.com/almost-guilty-how-i-met-my-char.html

http://www.leplaisirdesdieux.fr/LePlaisirDesDieux/Nos AncetresLesInternes/LesAlbums/1906-1907/1906-1907Salpetriere.html

http://www.literary.it/dati/literary/c/contilli/madeleine_pelletier_18741939.html

http://www.idem-genre.fr/spip.php?article2

http://fr.wikipedia.org/wiki/Jeanne_Chauvin

http://fr.wikipedia.org/wiki/Madeleine_Pelletier

http://baillement.com/lettres/dejerine-english.html

http://en.wikipedia.org/wiki/File:Dorothea_Klumpke_Roberts00.jpg

Grazie a Sébastien Boffredo, Gaetano Cacciato, Christophe Duval, Alain Gueguen, Georges Weiss, per avermi aiutato a rintracciare i ritratti delle donne citate in questo libro... le mie ricerche continuano... nel frattempo potete scaricare questo file e condividerlo, ma senza apportarvi modifiche e citando sempre il mio nome...

ALCUNI LETTORI MI HANNO CHIESTO COM'ERA LA SITUAZIONE IN ITALIA NELLO STESSO PERIODO... HO CERCATO DUNQUE DI DOCUMENTARMI PER PROPORRE UN CONFRONTO CHE SI E' RIVELATO INTERESSANTE:

PRIME DONNE A LAUREARSI IN MEDICINA:

FRANCIA: ELIZABETH GARRETT ANDERSON (Università di Parigi, 1870) - MADELEINE BRES (Università di Parigi, 1875)

ITALIA: ERNESTINA PAPER (Università di Firenze, 1877) – MARIA FARNE' VELLEDA (Università di Torino, 1878)

In Italia non esisteva all'epoca come in Francia l'internato (un incrocio si potrebbe definire tra dottorato e pratica in ospedale), quindi è difficile fare un confronto perché in Francia le prime donne entrano proprio come interne ossia come specializzande e sono poche quelle che poi superano un concorso e restano in ospedale a lavorare. La maggior parte di loro, infatti, finito l'internato apre uno studio medico privato, specializzandosi in discipline come ginecologia e pediatria.

Cercando di bilanciare queste differenze si può comunque proporre questo confronto:

PRIME DONNE A CONSEGUIRE UNA SPECIALIZZAZIONE IN AMBITO MEDICO:

FRANCIA: AUGUSTA DEJERINE (1887-1890, l'internato durava tre anni)

ITALIA: ANNA KULISCIOFF (1888)

PRIME DONNE A LAVORARE IN UN OSPEDALE PSICHIATRICO:

FRANCIA: CONSTANCE PASCAL- MADELEINE PELLETIER (1903)

ITALIA: MARIA MONTESSORI (1896)

PRIME DONNE AVVOCATO:

FRANCIA: JEANNE CHAUVIN (1897-1900), MARIE VERONE (1907-1908)

ITALIA: LIDIA POËT (1883-1920)

C'è una doppia data per entrambi i paesi non per errore, ma perché in Francia la battaglia durò tre anni, qualcuno in più volendo considerare anche le avvocatesse che esercitarono per prime in cassazione, mentre in Italia molti di più.

Per le donne cocchiere / tassista non sono riuscita a trovare notizie per l'Italia, quindi, invito i lettori a segnalarmi eventuali storie e foto di donne che hanno svolto per prime questa professione.

PER CHIUDERE QUESTA CARRELLATA DI IMMAGINI NON POTEVA MANCARE UNA FOTO DI MLLE MARIE CHAMBEFORT, UNA DELLE PRIME DONNE A GESTIRE UN LABORATORIO FOTOGRAFICO A ROHAN:

GRAZIE ALLA SCRITTRICE LAURA GAY PER LA SUA RECENSIONE SU AMAZON:

Straordinaria la capacità di Cristina Contilli di ricostruire un periodo storico, come se vi appartenesse. Numerose sono le foto e le immagini che arricchiscono questo libro, per non parlare delle fonti a cui si fa riferimento. Un interessante saggio storico, consigliato agli amanti del genere.

http://www.amazon.it/Levoluzione-lavoro-femminile-Francia-Epoque/dp/1291621415/ref=sr_1_2?ie=UTF8&qid=1391383286&sr=8-2&keywords=contilli